RÉPONSE

A UN ÉLECTEUR

DU

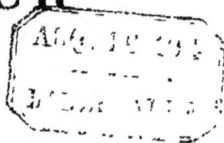

DÉPARTEMENT DE L'OISE.

———

Un Électeur du département de l'Oise, (ou du moins un homme qui a pris cette qualité) vient d'adresser aux habitans de ce département un écrit dans lequel il outrage le gouvernement, il injurie la majorité des électeurs, et répand contre moi les calomnies les plus atroces.

Je sais qu'elles n'ont pas besoin d'être démenties vis-à-vis des personnes qui me connaissent; mais vis-à-vis de celles qui ne me connaissent pas, puis-je croire qu'il n'en soit pas besoin? Non; car, premièrement, je n'ai point acquis cette célébrité qui dispense de répondre à toutes calomnies, à tous libelles; secondement, parmi les personnes qui habitent aujourd'hui le département de l'Oise, et qui même y remplissent des fonctions importantes, il s'en trouve qui, dans les temps les plus orageux de la révolution, n'y étaient pas domiciliées.

Et, pour que ces personnes puissent aussi juger entre l'Électeur anonyme et moi, je dois me faire connaître ; je dois donc répondre ; je le dois à mes concitoyens qui, depuis près de trente ans, n'ont cessé de me donner des preuves authentiques et multipliées de leur estime ; je le dois encore plus particulièrement aux électeurs qui, dans les dernières assemblées électorales, viennent de m'honorer de leurs suffrages ; enfin, je le dois à ma famille, composée aujourd'hui de quarante-quatre enfans et petits-enfans, qui tous ont le plus grand intérêt à ee que celui qui en est le chef conserve la réputation dont il a joui jusqu'ici, et à laquelle j'ose dire qu'il a des droits justement acquis.

Je vais donc remplir un devoir que je considère comme indispensable ; et, si je suis obligé de dire du bien de moi, l'on en trouvera l'excuse dans la nécessité où je suis de repousser les traits de la malveillance.

L'auteur, plus perfide que s'il m'avait nommé, attaque l'homme dont le nom s'est trouvé porté sur quatre-vingt-six bulletins avec celui du président du collége électoral. Or il est notoire que ce nom est celui de Nicolas Tronchon, cultivateur à Fosse-Martin. Ce nom est le mien : c'est donc à moi qu'il adresse toutes les injures répandues dans son écrit.

C'est moi qui, si l'on en croit cet Électeur, suis *un Jacobin, un fanatique révolutionnaire, un partisan du bonnet rouge, un homme de 93, un ennemi du roi et de la famille royale, un homme qui voudrait voir revenir le désordre pour exercer de nouveau ses brigandages ; un de ces révolutionnaires avec lesquels toute idée de justice et de vertu serait bannie de dessus la terre.*

Je me contenterai, pour répondre à tant d'accusations, à des accusations aussi atroces, d'exposer ma conduite depuis l'origine de la révolution.

A des allégations sans fondement, j'exposerai des faits prouvés; à des déclamations outrées et perfides, j'opposerai le calme de la modération et de la sincérité.

Lorsque la révolution commença, la commune de Reez-Fosse-Martin, que j'habite, faisait partie du bailliage de Meaux. Je parus à l'assemblée bailliagère; j'obtins de la part d'un grand nombre de mes concitoyens des témoignages de leur estime et de leur confiance, et, bientôt après, la ville de Meaux ayant éprouvé des besoins pressans pour les subsistances, je fus assez heureux pour lui fournir d'utiles secours : elle voulut qu'il restât de cet acte un monument durable, et elle fit frapper en cette occasion une médaille destinée à perpétuer le souvenir de mes services, et sa bienveillante reconnaissance.

Je rappelle aujourd'hui cette circonstance de ma vie, par le désir que j'ai, que mes nombreux enfans, qui tous sont attachés à la culture, se pénètrent des sentimens qui m'ont fait agir, et qu'ils établissent pour règle constante de leur conduite, que, lorsque la denrée de première nécessité monte à un prix auquel il devient, pour beaucoup de personnes et surtout pour les pères de famille, difficile d'atteindre, il faut que le cultivateur qui possède le blé, et le marchand qui en fait l'objet de son commerce, songent, avant tout, qu'ils sont citoyens, et qu'ils fassent taire l'intérêt personnel pour écouter la voix de l'intérêt public et celle de l'humanité.

En 1790, la nouvelle division de la France porta la commune de Reez-Fosse-Martin dans le département de l'Oise. Il y eut des assemblées primaires dans chaque canton, et ensuite des assemblées électorales dans chaque chef-lieu de département.

L'assemblée primaire de mon canton me fit l'honneur de m'élire pour la présider, et me nomma électeur. Dans l'assemblée électorale, je fus nommé membre du conseil général du département de l'Oise. Mon nom peut n'être pas effacé du souvenir de ceux avec lesquels j'eus l'honneur de siéger dans ce premier conseil-général; et je ne crains pas de provoquer leur témoignage.

En 1791, les électeurs furent convoqués une seconde fois pour nommer des députés à l'assemblée nationale législative. Je fus une seconde fois honoré de ses suffrages. Et là commença ma carrière législative.

Les orages politiques n'étaient point apaisés; c'est au contraire peu de temps après l'installation de cette assemblée, que l'on vit s'élever cette terrible lutte entre ceux qui voulaient renverser le trône, et ceux qui voulaient le soutenir.

Je fus bientôt prononcé. Je défendis la constitution qui existait alors : je défendis le Roi et la Patrie *que je ne sépare jamais* : et je les défendis de manière à pouvoir dire que, si d'autres l'ont fait avec plus de talens, nul ne l'a fait avec plus de courage et de persévérance.

Je pourrais à cet égard invoquer le témoignage d'un grand nombre de collègues avec lesquels j'eus l'honneur de siéger, et dont je partageais les courageux efforts pour la conservation des principes monarchiques.

Je citerai, MM. Beugnot, Becquet, de Jaucourt, Béjot, Théodore Lameth, Calvet, Vimar, Stanislas Girardin, Jucry, Hainselin, Lucy, Ramon, Quatremer-de-Quincy, Mathieu Dumas, etc.

Mais il pourra suffire que je rapporte ici l'article qui me concerne dans le Dictionnaire biographique.

N. Tronchon, cultivateur à Fosse-Martin, et administrateur du département de l'Oise, puis député à la législature, parla avec force le 22 juillet 1792 contre Manuel, et défendit le 4 août le ministre de la guerre contre les Girondins.

Il montra encore le même courage après la journée du 10 août, combattit le parti jacobin jusqu'à la fin de la session, et retourna à ses travaux d'agriculture.

Extrait de la Biographie moderne, ou Dictionnaire Biographique de tous les hommes morts et vivans qui ont marqué à la fin du 18e. siècle et au commencement de celui-ci par leurs écrits, leurs rangs leurs emplois, leurs talens. Deuxième édition, 4e. volume, page 419.

Aurais-je pu croire, après avoir tenu cette conduite, que, dans mon propre département, je serais signalé un jour comme un jacobin, comme un ennemi du Roi et de sa famille ; moi qui, dans cette journée à jamais déplorable du 10 août 1792, fus marqué, par les ennemis du trône, du sceau de la réprobation ; moi qui, dix fois dans ce jour, vis lever sur ma tête le glaive sanglant de ces hommes au nombre desquels on me range aujourd'hui !

Je n'affligerai point mes lecteurs par le tableau de toutes les horreurs dont je fus témoin dans cette journée. Mais une circonstance laissa dans mon âme des traces profondes. Je l'exposerai :

J'étais alors secrétaire de l'assemblée nationale. Je restai à mon poste pendant la trop fameuse nuit du 9 au 10 août. A sept heures du matin, Louis XVI quitta son palais pour se rendre avec toute sa famille dans le sein de l'assemblée. Au moment où il arrivait, et où il allait entrer par un passage étroit et obscur, les révolutionnaires outrés que l'assemblée législative avait le malheur de compter parmi ses membres, se lèvent et s'opposent à l'entrée du roi et de la famille royale. D'affreuses vociférations se faisaient entendre; la salle était entourée d'hommes forcenés, dont plusieurs avaient déjà paru à la barre, les bras nus et pleins de sang, venant demander leur récompense. Tout annonçait que nous étions peut-être au moment de voir commettre ; dans le vestibule même de la salle de notre assemblée, le plus grand des forfaits, le crime des crimes.

Alors un grenadier, que je ne connaissais pas, et que je n'ai jamais revu, prend dans ses bras le jeune Dauphin; il s'élance, franchit le passage, arrive au bureau de l'assemblée, et le remet entre mes mains, en me disant : *Tiens, je te remets le dépôt le plus précieux pour la France : je sais à quel homme je le confie;* et il disparaît.

Au dehors de la salle régnait le tumulte le plus effroyable. Une multitude effrénée massacrait ces fidèles soldats qui avaient défendu le Roi dans son palais, et qui l'avaient accompagné lorsqu'il se rendait à l'assemblée. Au dedans continuait cette scène, si scandaleuse et si inquiétante, de l'opposition qu'on mettait à l'entrée du cortége du Roi. L'auguste enfant qu'on m'avait confié, cherchait avec des yeux inquiets ses chers parens. Il tremblait dans mes bras : je faisais mes efforts pour le rassurer. Mais, hélas ! j'étais moi-même dans la plus cruelle inquiétude. Je le couvrais de mon corps comme d'un rempart, et je promenais sans cesse mes regards sur tout ce qui nous environnait.

Après un espace de temps, qui n'a peut-être pas été long, mais qui a dû me le paraître beaucoup, les obstacles cessèrent ; la famille royale entra dans la salle. Le Roi se plaça près du président. La Reine, la princesse sa fille, et madame Elisabeth, sœur du Roi, occupèrent un banc en face du bureau.

Le jeune prince, qui toujours s'était tenu serré près de moi, aperçoit son auguste mère ; il me témoigne le désir d'aller la rejoindre : je l'y conduis et j'ai le bonheur de lui remettre cet enfant chéri, l'objet de ses plus vives sollicitudes.

Un remercîment, exprimé avec autant de sensibilité que de noblesse, sort de la bouche auguste de cette mère, qui, au milieu des horreurs dont elle était environnée, goûtait encore un plaisir, celui de retrouver un fils dont elle avait été séparée dans ce moment si critique. Je me retirai pénétré d'émotion et de respect, et plein d'un sentiment que rien n'effacera de mon âme.

Je laisse à tous ceux qui connaissent le cœur humain, je leur laisse à juger si je dois être un ennemi de la famille royale.

La session de l'assemblée législative étant terminée le 21 septembre 1792, je retournai, ainsi que le dit la note historique qui me concerne, à mes travaux d'agriculture. Mais ceux qui ont connu la révolution, doivent sentir que j'étais loin d'y jouir de la sécurité. Nous tous qui avions combattu le parti jacobin, nous avions tout à craindre. La plupart de nous étaient errans, fugitifs ou cachés; et chaque jour nous apprenions que quelques-uns des nôtres étaient tombés entre les mains de nos ennemis.

Pour moi, la circonstance particulière du dépôt précieux remis dans mes mains, m'avait disposé à être affecté plus vivement que tout autre par les événemens qui touchaient la famille royale.

L'on sait trop ce qu'elle éprouva pendant cette déplorable année 93.

Je suis loin d'en vouloir retracer la douloureuse image. Je voudrais au contraire qu'il fût possible de la soustraire aux siècles à venir. Mais, hélas! l'impitoyable histoire fera connaître toutes les atrocités qui furent commises. Nos neveux consternés les y verront avec horreur; et ce qui fit alors le tourment des Français fidèles, deviendra l'effroi de leur postérité.

Mais, quoi! l'Électeur du département de l'Oise voudrait-il que la mienne eût à pleurer amèrement sur des crimes qu'il ose m'imputer, tandis que j'ai gémi plus profondément que personne lorsqu'ils ont été commis?

C'en est trop. J'ai trop souffert à cette malheureuse époque. Nulle expression ne peut le rendre; nulle idée n'en peut être conçue par quiconque n'a point éprouvé un pareil sentiment. Le souvenir de cet enfant auguste se pressant contre moi ne sortait point de mon esprit. Je le voyais resté seul dans la prison, abandonné aux mains du plus féroce des hommes, des plus cruels ennemis de sa famille. Mon cœur était déchiré par la violence de la douleur. Le sommeil même, lorsque la nature accablée succombait à ce besoin, le sommeil n'était plus un repos pour moi : c'était un tourment nouveau. Je me réveillais plus fatigué qu'auparavant, plus agité : tel était l'état de celui qu'on appelle *l'homme de* 93.

Mais où donc l'Électeur anonyme m'a-t-il vu exercer ce règne de 93 ? dans quel département? dans quel arrondissement ? dans quelle commune ? Où place-t-il le théâtre de mes exploits révolutionnaires ? quelles fonctions remplissais-je alors ?

Qu'il présente un homme qui, en 93, ait à me reprocher, je ne dis pas une action, mais une parole? J'étais en France : mais était-ce un crime d'être en France? n'étais-je pas mille fois plus exposé que ceux qui habitaient les pays les plus lointains ? n'avais-je point à souffrir chaque jour mille fois plus qu'eux? J'étais avec ma famille : mais combien de fois des amis, qui veillaient pour moi, ne sont-ils pas venus me prévenir qu'ils ne me croyaient plus en sûreté dans mon domicile !

Je le quittais alors, et j'y laissais huit jeunes enfans entourant leur mère, et pleurant avec elle. J'y laissais cette respectable mère en proie aux plus vives alarmes, et tremblante pour un époux, auquel on avait à reprocher le crime, *impardonnable alors*, d'avoir osé montrer qu'il était attaché à la monarchie et au Roi.

Mais quel trait nouveau vient, après un laps de vingt-trois ans, percer le cœur de cette vertueuse épouse! Elle a vu, en 93, le père de ses enfans en butte à la persécution, et en 1816 elle le voit dénoncé, comme si à cette époque il eût été lui-même un persécuteur! Quoi donc! faudra-t-il encore, pour prolonger, pour aggraver les maux de la révolution, faudra-t-il que ceux qui sont restés dans le royaume, et qui se sont le plus courageusement opposés aux excès révolutionnaires, que ceux qui ont failli en être les victimes, soient rangés parmi ceux qui les ont exercés, et qu'ils deviennent eux-mêmes l'objet d'une nouvelle proscription! une réaction semblable serait aussi atroce que les crimes révolutionnaires mêmes.

Mais Louis XVIII saura nous en garantir. Il est le Roi, il est le père de ceux qui sont restés en France, comme de ceux qui en sont sortis. Et certes, je le dis avec assurance, il ne permettra pas qu'on vienne ici persécuter des Français, qui pendant son absence se sont conduits d'une manière irréprochable, et n'ont travaillé qu'à conserver l'état.

Ce n'était point assez pour celui qui fait de moi un chef de jacobins, un partisan du bonnet rouge, un homme de 93, de m'avoir indignement calomnié sur ma vie passée : il fallait qu'il me montrât redoutable pour l'avenir. Écoutez sa déclamation à ce sujet :

Qu'importe, dit-il, *qu'importe à ces mêmes hommes que l'étranger vienne de nouveau envahir la France! Leur but est la confusion et l'anarchie, à la faveur desquelles ils espèrent renouveler leurs affreux brigandages.*

Qui que vous soyez qui avez tracé ces lignes, quelque supériorité de rang ou de fortune que vous puissiez avoir sur moi, je croirai difficilement qu'il soit plus important pour vous que pour moi que les étrangers ne viennent pas de nouveau envahir le royaume.

J'ai sept enfans mariés, tous ayant eux-mêmes déjà beaucoup d'enfans ; tous cultivateurs, comme je l'ai été, comme l'ont été nos ancêtres ; tous placés sur le passage même de ces étrangers ; tous ayant, ainsi que moi, déjà horriblement souffert lors des invasions qui ont eu lieu.

A qui, moins qu'à moi, peut-t-on supposer d'avoir pour but la confusion et l'anarchie ? Moi et les miens nous avons tout à perdre dans le désordre, et rien à gagner.

Au reste ; deux mots suffiront pour repousser cette imputation. Je puis fournir la preuve que je paye annuellement au-delà de dix mille francs de contribution foncière : c'en est bien assez pour qu'on puisse croire que j'ai quelqu'intérêt à l'ordre et à la stabilité.

Et cette fortune, à qui la dois-je ? (car celui qui me dénonce reste dans l'ombre, et ne se nomme pas ; et moi, au contraire, je ne veux rien laisser à desirer). Je déclare donc, et je prouverai que je la dois à mes parens, d'abord en très-grande partie, et le reste au travail et à l'économie sévère, dont mon épouse et moi nous nous sommes toujours fait une loi, comme si nous n'eussions recueilli de nos pères qu'un faible patrimoine.

Voilà l'homme qu'un électeur du département de l'Oise cherche à écarter de toutes fonctions publiques, et qu'il ose ranger parmi ceux qui veulent le désordre, la confusion, et l'anarchie! C'est un citoyen possédant des propriétés assez étendues, c'est le père d'une famille nombreuse, je dirai même d'une des plus nombreuses peut-être qui existent dans le royaume!

Pour compléter son système de diffamation, l'auteur de l'écrit anonyme, qui d'abord m'a placé parmi les jacobins, parmi les révolutionnaires, finit par dire qu'*avec de tels hommes et de tels principes, toute idée de justice et de vertu serait bannie de dessus la terre, que nous n'aurions plus ni Roi, ni légitimité, ni constitution, ni bonheur.* C'est là son dernier trait.

Lorsqu'il a dit d'abord que *j'étais un jacobin, un homme de 93*, j'ai dû penser qu'à cette époque il était éloigné du théâtre de la révolution. Mais ici je dois croire qu'il est encore étranger au département dont il se dit électeur; car, s'il était dans le département de l'Oise, ou même s'il eût voulu, avant de me traduire au tribunal de l'opinion publique, prendre à mon égard quelques renseignemens, il eût su que, dans ce département, mon nom présentait l'idée d'un homme tout opposé à celui qu'il dépeint; il eût su, par exemple, que peu de citoyens, en leur vie, avaient

été pris aussi souvent pour arbitres entre leurs concitoyens : ce qui suppose nécessairement une réputation
d'équité et de justice ; il eût su que , sous les rapports
de morale et de religion , mon nom ne craignait point
non plus le jugement public ; que , loin d'être un de
ces hommes qui, dans la révolution, dépouillaient les
autels et renversaient les temples , je pourrais montrer
les preuves matérielles d'une conduite entièrement
opposée ; il eût donc su qu'au lieu d'être un révolutionnaire, j'étais précisément le contraire.

Il eût pu savoir encore , qu'aussitôt le rétablissement
des conseils généraux de département, je suis rentré
dans celui du département de l'Oise, et que depuis cette
époque j'y suis resté sans interruption. Dans un aussi
long espace de temps (16 ou 17 années) j'ai eu pour
collègues un assez grand nombre des principaux propriétaires et des hommes les plus recommandables du
département. Mes opinions et ma conduite, dans ce
conseil, ont été connues : les personnes avec lesquelles
j'ai eu l'honneur de siéger se trouvent répandues dans
les quatre arrondissemens ; et elles n'auraient pas re-
fusé de me faire connaître à ceux de nos concitoyens
du département qui ont pu être long-temps absens.
La moindre information eût donc suffi pour éviter à l'É-
lecteur anonyme la honte d'avoir vomi calomnieusement
toutes les injures atroces qu'il a répandues dans son
écrit; et je n'eusse pas été forcé de vaincre le dégoût
qu'un homme de bien éprouve à parler de lui-même,
et la répugnance qu'il sent à en parler avantageuse-
ment.

Cependant, il se trouve, dans ce que l'auteur de cet écrit dit à mon sujet, un fait vrai, et c'est le seul.

Il me dénonce comme ayant paru à la chambre des représentans pendant les cent jours.

Oui, j'ai fait partie de cette chambre.

Mais d'abord, de quelque manière que vous envisagiez cet acte, êtes-vous fondé pour cela à dire sur le reste de ma vie le contraire de la vérité?

Un homme de bien, un citoyen estimé, est-il à vos yeux un homme abominable, couvert de tous les crimes, parce qu'il a paru dans les affaires publiques pendant les cent jours?

Vous vous placez là exclusivement dans une sphère hors de laquelle il n'y a plus de vertu et tout est crime. Nul, alors, de tous ceux qui ont exercé des fonctions quelconques pendant les cent jours, ne pourrait prétendre en être exempt. Les magistrats qui ont rendu des jugemens; les administrateurs qui ont géré l'administration; les maires, les adjoints, les membres des conseils municipaux; enfin tous ceux qui ont cru qu'une nation de près de trente millions d'hommes devait être préservée d'une anarchie totale, et qu'il fallait que les honnêtes gens restassent en place, pour qu'on n'y vît point paraître des hommes semblables à ceux qui ont amené ces excès révolutionnaires tant reprochés au peuple français et dont il a tant souffert lui-même : tous sont coupables, tous sont des ennemis du Roi et de sa famille!

Vous qui professez une pareille opinion, vous devriez bien en calculer les conséquences, et voir que par-là, sous le prétexte d'épurer, vous divisez continuellement les Français, et que vous mettez un obstacle invincible à une réunion générale, sans laquelle peut-être il n'est de salut pour aucun. Depuis long-temps le père commun appelle tous ses enfans auprès de lui : tous ses enfans veulent se réunir à lui. Laissez agir ce mouvement national, et soyez ses fidèles sujets, soyez citoyens ; mais soyez-le comme tous les autres Français. Je pourrais encore vous dire : « Mais, monsieur l'Électeur anonyme, lorsque, dans la crainte que la majorité du collége électoral ne me portât à la députation, vous vous déterminez à un acte incivique, à une scission qui prive le département de l'Oise de deux députés, et cela parce que, dites-vous, j'ai paru dans la chambre des représentans pendant les cent jours, vous portez là l'intolérance bien loin ; vous faites la critique des colléges électoraux du département de la Seine, du département de Seine-et-Oise, du département du Nord, du département du Jura, du Haut et Bas-Rhin, de la Meuse, et de plusieurs autres colléges qui viennent d'envoyer en 1816 à la chambre des députés, des hommes qu'on a vus siéger dans la chambre des cent jours. Toutes les injures que vous vomissez contre la majorité des électeurs de l'Oise, s'adressent aussi à tous les autres électeurs de la France qui ont fait de semblables nominations. »

Mais pour moi je ne vais point chercher dans ce qui concerne les autres, ce que j'ai à dire sur un acte important de ma vie. Tous ceux de cette nature ont été pesés avant de m'y déterminer. Celui-ci n'a pas manqué de l'être ; c'est pourquoi je ne crains pas plus d'en rendre compte que d'aucun autre.

Ceux même qui penseront que j'ai été dans l'erreur, verront ma franchise, et jugeront mes intentions.

Voici ce que j'ai à dire sur cet article.

Deux colléges électoraux m'ont appelé à la chambre des représentans en avril 1815. Le collége de l'arrondissement de Senlis, et le collége du département de l'Oise séant à Beauvais.

Lorsque je fus élu par l'arrondissement de Senlis, j'avais un concurrent pour lequel on faisait de grands efforts. Quel était-il ? Lucien Bonaparte. Il a été écarté, et j'ai été élu. Les électeurs de Senlis n'étaient donc pas des Bonapartistes ! Les électeurs de Beauvais m'ont également nommé, parce qu'également ils me faisaient l'honneur de me croire assez de patriotisme et de courage, pour faire toujours tout ce que l'intérêt de la patrie pourrait demander. Je remercie de nouveau tous mes concitoyens, qui m'ont estimé assez pour m'honorer de leur confiance dans une circonstance aussi difficile. Mais je leur dis aussi que, quelque flatteurs que fussent pour moi leurs suffrages, motivés surtout ainsi qu'ils l'étaient, je ne me suis point aveuglé sur la position où je me mettais en acceptant la mission qui m'était confiée.

J'ai envisagé les périls au milieu desquels j'allais me précipiter. Si Bonaparte a des succès, me suis je dit à moi-même, les députés auront à remplir une terrible tâche, celle de contenir l'ambition d'un homme victorieux, et qui dans la prospérité ne sait que trop bien exciter cet enthousiasme qui aveugle les nations ; que, si au contraire il a des revers, il est présumable que les puissances liguées *contre lui* ne voudront faire aucun traité, et alors il devient impossible de prévoir ce qui arrivera ; mais il est certain que la France sera placée dans une des situations les plus critiques et les plus malheureuses où une nation puisse se trouver. Ainsi, nulle chance d'événemens favorables pour ceux qui acceptent la députation.

Mais la patrie était dans le plus grand danger. Tous les souverains de l'Europe réunissaient leurs forces contre la France. Tous les hommes armés de toutes les nations marchaient contre elle. La tempête la plus effroyable qui ait jamais menacé une grande nation, grondait autour de la nation française. Le vaisseau de l'état était sans son pilote ; le gouvernail avait été saisi par des mains déjà reconnues téméraires. J'étais appelé à un poste important : le poste était périlleux ; il ne m'était pas permis de refuser de m'y rendre. Je me déterminai par la considération d'un grand devoir à remplir. Je crus qu'il fallait faire du bien s'il était possible, ou empêcher du mal si on en avait l'occasion et la faculté.

Décidé par ce motif, j'acceptai ; et, dans un discours de remercîmens adressé à l'assemblée électorale de Beauvais, je ne parlai que des droits des citoyens à défendre, et des intérêts de la France à soutenir, sans dire un mot ni pour Bonaparte, ni contre les Bourbons : ce qui fut remarqué et approuvé par les électeurs, mes collègues.

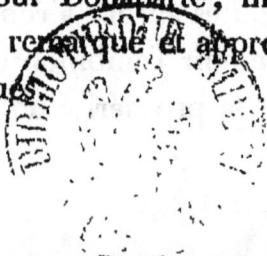

Dans la chambre des représentans, nous nous sommes trouvés bientôt dans le second des deux cas que j'avais prévus.

Nul bien à faire alors. Mais que de maux à détourner!

A la vue de tant de périls, nous avons cherché les moyens d'éviter ceux qui nous paraissaient les plus grands, les plus imminens, et d'abord, la ruine de la capitale.

J'ai uni mes efforts à ceux de mes collègues, et ma conscience me dit que dans cette terrible circonstance, si je n'ai pas fait tout ce que j'aurais désiré, j'ai fait du moins tout ce que je pouvais pour mon pays : j'ai rempli mon devoir.

Je n'ai plus qu'un mot à ajouter.

Lorsqu'on me dénonce aujourd'hui pour avoir siégé dans la chambre des représentans ; lorsqu'on prétend se montrer par là les plus zélés, les seuls fidèles serviteurs du Roi, a-t-on oublié que ce monarque, que ses lumières et sa sagesse mettent au-dessus de toutes les passions, et qui, de la hauteur où il est placé, peut voir les événemens comme ils seront vus dans l'avenir; a-t-on oublié, dis-je, que, dans le premier corps de l'État, dans la chambre des pairs de France, il a admis plusieurs des membres de la chambre des représentans, et celui-là même qui a été le président de cette chambre?

Que l'on respecte les motifs qui l'ont fait agir, quels qu'ils soient. Que l'on sente au moins que, sur cette question, un pareil exemple commande à tous un respectueux silence, et que, s'il y avait encore à prononcer, ce ne pourrait plus être qu'au tribunal qui juge les rois et les peuples, celui de la postérité.

~~~~~~~~~~~~~~~~~~~~

Je fais réimprimer ici l'écrit auquel j'avais à répondre, et j'y suis déterminé par deux raisons : la première, c'est parce qu'il est possible que, quoique cet écrit anonyme ait été répandu avec une grande profusion, il n'ait peut-être pas été vu par toutes les personnes auxquelles ma réponse pourra parvenir ; la seconde, c'est afin de pouvoir présenter quelques observations, qui n'ont pu entrer dans le plan de ce que j'ai dit précédemment.

TEXTE

De l'écrit adressé aux habitans du département de l'Oise.

Les électeurs du département de l'Oise se sont conduits avec énergie et indépendance. Ils devaient donc s'attendre à être calomniés. On cherche à noircir leurs intentions ; on les représente comme rebelles à la volonté du Roi. On s'est adressé aux bons habitans des campagnes ; et, pour les engager dans la querelle, on a cherché à rechauffer d'anciennes haines, de vieux préjugés, armes puissantes, qui ne réussirent que trop bien aux méchans, lorsque nos troubles civils commencèrent, il y a vingt-sept ans, et dont ils se servent encore pour échauffer les esprits, égarer les hommes faibles, et nous faire retomber

OBSERVATIONS.

Dans ce début, les expressions sont remarquables par la fausse application que l'on fait de chacune d'elles. Une portion d'électeurs se retire du collége électoral. L'auteur appelle cette portion, *les électeurs du département de l'Oise.* Ceux qui se sont retirés étaient au nombre de 72 ; ceux qui sont restés étaient au nombre de 125 ; et ce sont les 72 qui, suivant lui, sont les électeurs du département. Que sont donc les 125 ? S'il y a une des deux portions qui doive être appelée *les électeurs*, sera-ce la plus petite ou la plus grande ? Une minorité se retire d'une assemblée pour paralyser ses opérations : c'est une faction, et rien autre chose.

dans l'abîme où , grâce à eux, nous avons été plongés si long-temps. Il est donc nécessaire de mettre la vérité dans tout son jour. Un court examen de ce qui s'est passé va démontrer à tous les hommes de bonne foi de quel côté se sont trouvées l'intrigue et les intentions criminelles , de quel côté la loyauté et le patriotisme.

Quant à l'*énergie* et l'*indépendance* que vous avez montrées en vous retirant, c'est encore un abus des termes. Jusqu'ici on disait d'une retraite, qu'elle avait été dictée par la prudence , savamment combinée, habilement exécutée ; mais on gardait pour d'autres circonstances , et pour une autre conduite , les mots d'*énergie* et d'*indépendance*.

Pourquoi, vous à qui votre conscience dit que vous vous êtes si bien conduits , pourquoi vous attendre à être calomniés ? Par quelles personnes l'avez-vous été ? Nommez-les. Point de ménagement pour les calomniateurs, dans quelque rang qu'ils se trouvent placés.

Vous allez, dites-vous ensuite , démontrer de quel côté se sont trouvées l'intrigue et les intentions criminelles.

Ce serait fort bien fait.

Mais comme la démonstration que vous annoncez n'est qu'un amas d'outrages et de menaces envers les ministres du Roi, et de calomnies envers moi, il faut trouver un autre moyen de découvrir de quel côté ont pu être l'intrigue et les intentions criminelles. Il s'en présente un. Prenez la liste des électeurs qui sont restés après votre retraite ; vous y verrez de respectables pairs de France, nobles soutiens du trône et de l'état ; de vertueux magistrats , dont s'honore le département de l'Oise ; grand nombre de ma-res et autres fonctionnaires publics si recommandables par leur zèle et leur exactitude à remplir les devoirs de leurs places ; et enfin beaucoup de ces cultivateurs si franchement dévoués au Roi. Vous persuaderez ensuite, à qui voudra bien le croire, que ces hommes - là venaient au collége électoral avec des intentions criminelles.

Le Roi a dissous la chambre des députés : il a usé de sa prérogative royale. Aux termes de son ordonnance du 5, son intention fut de nous rattacher à la lettre exacte de la Charte constitutionnelle, dont l'ordonnance du 13 juillet 1815 avait prescrit la révision de seize articles. Cette révision était le premier objet dont il était enjoint à la chambre de s'occuper. Elle le fit avec une modération telle, que, sur les seize articles soumis à son examen, six seulement occupèrent ses délibérations. Ces faits sont authentiques. Ils sont connus de toute la France. Aujourd'hui on traite hautement cette chambre de factieuse ; on l'accuse d'avoir voulu renverser la Charte.

Si elle s'était portée à de pareils excès, le Roi n'en aurait-il pas exprimé son mécontentement dans son ordonnance du 5 ?

Tout ce qui est renfermé dans ces trois paragraphes (les 2e., 3e. et 4e.), ne me concerne point, et ne s'adresse pas plus à moi qu'à tout autre, et même la plus grande partie concerne les ministres. Ce n'est point à moi à répondre : je m'abstiens de toute observation à ce sujet.

N'aurait-il pas dit : Je casse la chambre, parce qu'elle a voulu porter atteinte à la constitution ? Il ne l'a pas dit; il ne pouvait pas le dire, puisque les députés n'avaient fait, dans l'examen de quelques articles de la Charte, que suivre la route que le Roi lui-même leur avait tracée, d'après *l'expérience du passé et le vœu bien connu de ses peuples.* Le Roi fit plus : dans une occasion solennelle, il rendit l'hommage le plus authentique aux intentions patriotiques des députés, en déclarant qu'après de si longs malheurs, il eût regardé une pareille chambre *comme introuvable.* Cependant on a osé répandre par tout le département que le Roi avait donné une exclusion formelle aux anciens députés. On a eu l'impudeur de le répéter dans le sein même du collége électoral, qui, si l'on respecte nos nouvelles institutions , doit être le sanctuaire de toute indépendance ; n'a-t-on pas craint de profaner le nom sacré du Roi, en l'employant à flétrir, dans l'opinion publique , un homme tel , par exemple, que M. de Kergorlay (je ne cite que celui-ci), qui, l'année dernière, osa signer et motiver son refus de l'acte additionnel , et , par cette action courageuse, signala son nom aux yeux de l'Europe entière, comme ce-

lui d'un des plus fermes soutiens du trône? Ce n'est pas
tout : avant la réunion des
colléges , les plus coupables
manœuvres ont été employées
à dessein de gêner la liberté
des suffrages. Des agens de
police, venus exprès de Paris,
ont répandu dans tout le département les plus détestables
calomnies contre les quatre
députés qui , dans la dernière
chambre , furent ses dignes
représentans. Les fonctionnaires publics ont été hautement menacés de destitution,
s'ils n'exerçaient toute leur in-
fluence pour faire exclure M.de
Kergorlay. Un vil agent de la
police des Fouché et des Savary,
pendant quinze ans persécuteur de tout ce qu'il y avait
d'honnête en France , était en
surveillance à Paris; sa surveillance a été levée pour lui
permettre de venir voter dans
le collége de Beauvais , dont il
est membre; tandis que, d'une
autre part , des congés ont
été refusés pour le même objet à un grand nombre d'of-
ficiers de l'armée, connus par
leur loyauté et leurs sentimens patriotiques et indépendans. Tout a été dit , tout
a été fait; tous les moyens
ont été employés pour égarer
l'opinion publique. Les électeurs , arguant de tant de
scandale , auraient eu le droit
de ne pas se rendre au collége
électoral , et de dire que , la
brigue et la violence ayant

été mises en usage, les élections ne pouvaient plus être libres. Ils ne l'ont pas fait; ils sont venus en foule, parce que la situation de la France leur en faisait un devoir.

Quatre-vingt-neuf d'entre eux, en donnant leur voix à M. de Kergorlay, ont rendu hommage au patriotisme, au courage et à la vertu; mais cet hommage devait faire frémir le crime et la bassesse. Le jacobinisme (qui l'aurait osé croire?) fier de l'appui que lui prêtait l'autorité, et cachant sa perfidie sous le nom hypocrite de *modérantisme*, a levé la tête. Il a eu l'audace de mettre sur les rangs un homme pris dans son sein, connu par son fanatisme révolutionnaire, un homme qui, pendant les cent jours de l'usurpation si fatale à la France, fit partie de la chambre dite des Représentans, et qui, pour son début dans la carrière législative, signa l'exclusion des Bourbons. Les vrais royalistes n'auraient jamais osé croire qu'un pareil homme fût à craindre. En effet, dans leurs circulaires officielles et véritablement soumises à l'examen du Roi, les ministres de Sa Majesté recommandant aux électeurs de nommer des hommes prudens, modérés, connus par leur loyauté et leur attachement à sa personne et à sa dynastie, pou-

C'est le contenu de ce paragraphe entier, qui a donné lieu à la réponse que j'ai développée dans l'écrit qui précède.

Je vais me borner à quelques courtes réflexions, qui naîtront du texte.

Si j'eusse été, comme vous m'avez dépeint, un révolutionnaire, souillé de tous les crimes, l'alliance de mon nom avec celui du président de l'assemblée eût été une alliance monstrueuse, ainsi que vous la qualifiez; mais du moment qu'il est démontré que j'étais précisément le contraire, l'alliance n'est plus monstrueuse, et il ne reste sur cette circonstance qu'une remarque à faire; c'est que, si ceux qui m'honoraient de leurs suffrages donnaient en même temps leurs voix à l'homme que vous appelez *le représentant du Roi* dans l'assemblée, comme il n'en a pas eu beaucoup plus que moi, alors il n'avait pas les vôtres, et le représentant du Roi était repoussé par le parti qui a quitté le collége électoral; et par conséquent vous étiez encore, dans cette circonstance, ces zélés, ces fidèles serviteurs du Roi, qui

vait-on supposer qu'un partisan du bonnet rouge osât se présenter comme modéré (en 1793, ces messieurs ont fait connaître leur modération), et comme ami du Roi, un homme qui a signé il y a dix-huit mois son vœu pour que le Roi fût à jamais exclu du trône ainsi que sa famille! Nous devons ajouter, pour que les hommes honnêtes de ce département ne soient pas trop effrayés de ce triomphe momentané d'une faction qui a causé tous les malheurs de la France, et qui veut les perpétuer ; nous devons ajouter, dis-je, que seuls, les jacobins n'eussent pas été assez nombreux pour l'emporter. Non, dans ce département comme dans toute la France, la vertu l'emporte encore sur le crime, et tôt ou tard elle parviendra à l'écraser ; mais trop souvent la faiblesse et l'erreur viennent à l'appui du crime, et lui prêtent une force, qui deviendrait ridicule par son insignifiance, s'il était abandonné à lui-même, et exposé seul à tout le mépris qu'il mérite. Cette réflexion, qui est l'histoire de toute notre révolution, est également celle des transactions du dernier collége électoral de Beauvais. Tous les hommes faibles, effrayés par les menaces, ou influencés par les séductions d'un ministère qui se repentira peut-être un jour de la protection jamais ne veulent ce qu'il veut, et qui même presque toujours veulent le contraire.

qu'il accorde aux méchans, et qui versera des larmes de sang sur ses erreurs, laissèrent tomber leurs voix sur l'homme de 93. Les vertueux habitans des campagnes, agissant sans réflexion, séduits et trompés par de prétendus ordres du Roi, eurent la même faiblesse. O honte! ô scandale! quatre-vingt-six bulletins portèrent les noms du représentant du Roi, président du collége, et de l'homme qui a signé qu'il était l'ennemi du Roi et de sa race. Que pouvaient faire les vrais amis du Roi et de la France? La monstrueuse alliance était prouvée, l'intrigue allait triompher. Quatre-vingts électeurs se sont levés; et, déclarant ne plus prendre part aux opérations de l'assemblée, ils ont sauvé au département de l'Oise la honte d'avoir un indigne représentant (1). Telle a été leur conduite, tels furent leurs motifs. Forts de la voix

Que parlez-vous, dans votre note, d'arrangemens et de concessions? c'est de l'intri-

---

(1) On a cherché à répandre que, trop absolus dans leurs opinions, les royalistes n'avaient voulu faire aucune concession, ni se prêter à aucun arrangement. La vérité est là pour déposer contre une pareille assertion. Sans doute nous eussions préféré que trois des anciens députés eussent reçu de leurs concitoyens cette récompense de leurs travaux et cette marque de la publique estime; mais tout candidat nous convenait, pourvu qu'il fût honnête, connu par une moralité sans reproche, bon Français et fidèle ami du Roi et de la légitimité. Plusieurs des noms portés sur la liste pouvaient résister à cette épreuve. Deux d'entre eux, M. Borel de Brétizel et le comte de Juigné, qui se flattaient de réunir un assez grand nombre de suffrages, pourront attester avoir reçu des propositions de ceux qui portaient M. de Kergorlay. Comme nous, ils furent trompés; probes, et dévoués au Roi, ils ne pouvaient convenir à la faction.

de leur conscience, ils avouent hautement à la France, au Roi, à leurs concitoyens, que ce qu'ils ont fait ils le feraient encore, et que jamais ils ne signeront d'alliance avec le jacobinisme, sous quelques couleurs qu'il se déguise. Il n'est plus permis aujourd'hui de se tromper; tous les hommes sont connus, tous les masques sont arrachés : le crime et la vertu sont à nu et en présence. Ceux qui pendant vingt-cinq ans furent opprimés par les méchans, ont trop appris à les connaître. Sous le bonnet rouge du républicanisme, ou sous la livrée impériale, ou sous le manteau hypocrite de modéré, ce sont les mêmes hommes. *Tout, excepté les Bourbons*, est leur mot de ralliement. Que leur importe en effet que les étrangers viennent de nouveau envahir la France? que leur importe même que nous perdions jusqu'au nom de Français? Leur but est la confusion et l'anarchie, à la faveur desquelles ils espèrent renouveler leurs affreux brigandages ; mais nous veillons sur eux. Que la France s'en repose sur ses enfans fidèles ; les méchans sont marqués du sceau de l'infamie ; leurs projets sont dévoilés. Ils ne réussiront pas ; la honte et l'opprobre les attendent.

gue que tout cela, et pour moi toute intrigue est étrangère. Si on me juge utile à des fonctions, si on m'appelle à un poste, j'y vais : je n'intrigue pas pour y parvenir. Dans cette même note, on voit que vous, qui vous reconnaissiez en minorité, vous vouliez encore faire la loi. Il fallait que la majorité prît votre assentiment pour les nominations qu'elle avait à faire. Vous assurez aujourd'hui que, si elle avait voulu nommer M. Borel Bretizel, vous eussiez été disposés à le faire. Mais M. Borel Bretizel doit-il vous savoir beaucoup de gré de vos bonnes dispositions en sa faveur? quelle preuve en avez-vous donnée? Aurait-il pu compter sur vos suffrages? ne devait-il pas craindre au contraire que vous ne lui fissiez, pour avoir siégé à la cour de cassation pendant les cent jours, les reproches que vous me faites pour avoir siégé à cette époque dans la chambre des représentans? Le serment prêté dans cette chambre était le même qu'on prêtait à la cour de cassation, et qu'ont prêté alors les fonctionnaires publics dans toute la France.

Peuple des villes, et vous,

Que veulent dire ces mots,

bons cultivateurs, c'est à vous que je m'adresse, parce que c'est vous qu'on cherche à égarer. Connaissez vos véritables ennemis. Ce sont les hommes qui, depuis vingt-cinq ans, cherchent à remuer toutes les passions haineuses, et à aigrir les unes contre les autres toutes les classes de citoyens. Que vous dit-on aujourd'hui ? que ce sont les anciens nobles qui s'opposent au bonheur du peuple ; qu'ils sont ennemis des idées libérales ; qu'ils veulent le rétablissement des droits féodaux, des dîmes, et que sais-je encore ? surtout qu'ils prétendent recouvrer tous leurs biens et dépouiller les acquéreurs de biens nationaux.

bons *cultivateurs* ? Si l'on pouvait se tromper dans l'acception du mot *bons*, il se trouve expliqué par vous-mêmes à l'endroit, où, parlant encore des habitans des campagnes, vous dites d'eux : *Les vertueux habitant des campagnes agissant sans réflexion.*

Ici, monsieur l'Électeur, ils n'auront pas besoin de beaucoup réfléchir pour apprécier les complimens que vous leur faites, et vous en savoir le gré qu'ils méritent. Croyez cependant que ces *bons* laboureurs n'ont pas manqué de réfléchir sur ce qu'ils ont entendu à Beauvais dès le jour de leur arrivée, et qu'ils y ont fait même une sérieuse attention. Car des électeurs du parti desquels vous paraissez vous être rangé, n'ont pas craint de publier hautement, *que les ordres du Roi n'étaient que de prétendus ordres du Roi; que d'ailleurs le Roi ne voulait pas ce qu'il paroissait vouloir et ce qu'il disait vouloir ;* et, *que l'ordonnance du 5 septembre était la volonté de ses ministres et non la sienne, quoiqu'il l'eût signée et fait publier comme un acte de sa volonté et de sa puissance royale.* Tout cela, monsieur l'Électeur, s'est dit, et a été répété dans votre parti ; et les vertueux habitans des campagnes en ont été scandalisés, effrayés.

Qu'est-ce que deux volon-

tés du Roi ? disaient-ils ; al-
lons-nous revenir à ces temps
de déplorable mémoire, dont
nos pères ont entendu parler par nos ancêtres, où les
Français s'entr'égorgeaient entre eux, les uns étant avec le
Roi, et les autres étant dans le
parti opposé ; mais soutenant
également que c'était pour le
Roi qu'ils se battaient, que
c'était pour le délivrer et le
soustraire au joug du parti de
leurs adversaires.

D'autres (qui ne demeurent
pas très-loin de Cambrai), sans
rappeler le passé, regardaient
à côté d'eux, et disaient :
Voilà un beau moment pour
de pareilles discussions et
pour prêcher une pareille doc-
trine !

Nous avons là dans notre
voisinage, dans nos places
fortes, des hommes que nous
payons bien cher pour rester
en observation, et examiner
comment nous nous condui-
sons. Fournissez-leur des pré-
textes ; ils viendront bientôt
apaiser nos querelles, et Dieu
sait comment !

Vous voyez, monsieur l'É-
lecteur, que ces *bonnes gens
de campagne*, lorsqu'on leur
donne occasion de réfléchir,
réfléchissent véritablement, et
que, des principes qu'on leur
pose, ils marchent droit aux
conséquences.

Aussi n'ont-ils pas tardé à
reconnaître quel parti ils
avaient à prendre.

Laissons-là ce mystère politique de deux volontés dans une même personne, ont dit ces *bons laboureurs;* tenons en principe *qu'il ne faut jamais voir dans les actes publics que ce qui s'y trouve clairement;*

Et souhaitons que les gens plus habiles que nous n'aient pas là-dessus d'autres principes que nous.

Comme en 1789, on serait assez tenté de faire retentir encore ce cri qui fut le premier signal de tant de proscriptions : Guerre aux châteaux, paix aux chaumières; mais on s'en abstient par une raison bien simple : c'est que la plupart des châteaux ont passé dans de nouvelles mains, et que les hommes qui, pendant quinze ans, les ordres du tyran à la main, venaient enlever vos enfans pour les mener mourir dans les climats lointains, seraient sans doute mal reçus de vous, en invoquant aujourd'hui la paix sur vos chaumières qu'ils ont rendues désertes, et sur lesquelles ils ont attiré toutes les fureurs de la guerre. Mais, ces mots leur manquant, ils ont recours à d'autres moyens qui, malheureusement, ne font que trop d'impression sur les hommes crédules. *Guerre aux anciens nobles*, vous dit-on, ce sont les éternels enne-

Ici l'auteur commence à développer ce qu'il croit devoir dire dans l'intérêt des nobles.

Il eût été bien à souhaiter qu'il n'eût pas touché cette corde : mais, puisqu'il l'a fait, et qu'il s'est livré à cet égard à une sorte d'expansion d'âme, j'en ferai de même, et je laisserai voir ce qu'il y a dans la mienne; il n'y trouvera pas d'aigreur. Jamais il n'y en a eu.

D'abord il faut parler sur le fait, et rectifier l'idée qu'on se formerait d'après l'écrit de M. l'Électeur anonyme. La scission qui a eu lieu à Beauvais le 5 octobre dernier, a été faite par des électeurs, dont le désir était de porter à la chambre trois des députés qui venaient d'en sortir, tandis que les autres avaient l'intention de nommer de nouveaux députés : ce qui est bien moins fâcheux qu'une scission qui présenterait tous les

mis du peuple! Mais ces anciens nobles, objets d'une rage que n'ont pu assouvir tant et de si affreux malheurs, que sont-ils donc aujourd'hui? quelles sont leurs prérogatives? et qu'est-ce qu'une noblesse sans prérogatives? Ouvrez la Charte (qu'ils ont juré et qu'ils maintiendront, parce qu'ils n'ont rien juré en vain), ouvrez la Charte qu'ils veulent, quoi qu'on en dise, plus que ceux qui les accusent de ne pas la vouloir. Que dit-elle? *Tout Français est également admissible aux emplois civils et militaires.* Eh bien! cet article fondamental de la constitution n'est-il pas chaque jour mis à exécution? Regardez autour du trône, regardez dans la chambre des pairs, où seule réside aujourd'hui la noblesse; regardez dans l'armée, dans le ministère, dans les grandes administrations, dans les préfectures; y voit-on plus d'anciens nobles que d'autres citoyens? Quel est le Français à qui une place quelconque ait été refusée en lui objectant le rang qu'il occupe dans la société? Être bon Français, fidèle ami du Roi et de la légitimité, ah! plût à Dieu que ce fût aujourd'hui le premier, le seul titre pour arriver à la fortune ou aux honneurs!

En remontant sur son trône après tant de malheurs, le Roi a dit à son ancienne noblesse d'un côté et tous les plébéiens de l'autre.

La preuve de ce que j'avance existe dans les listes comparées des deux partis. On voit des nobles parmi ceux qui se sont retirés. On en voit également dans ceux qui sont restés. On voit même dans ces derniers plusieurs de ces noms qui commandent l'estime et le respect, non-seulement dans le département de l'Oise, mais dans toute l'Europe : MM. de la Rochefoucauld, MM. de Crillon, de Mornay, ces illustres compagnons du grand Henri, etc., etc.

Ainsi, écartons l'idée que dans le collège électoral du département de l'Oise, il ait existé une ligne de démarcation positive, une opposition manifeste entre les électeurs nobles et les électeurs non nobles. Tous ont également le désir de prouver leur attachement à la patrie et au Roi, et tous s'entendront lorsqu'on se connaîtra mieux.

Maintenant j'exposerai franchement ma pensée sur ce qui concerne la noblesse dont l'Électeur anonyme s'occupe dans presque tout le reste de son écrit. Je ne me livrerai cependant à aucune discussion sur le fond de la question. Je n'en ai point la pensée, quoique l'auteur parle d'une disposition où seraient tous les nobles de faire à cet

blesse : Depuis vingt-cinq ans, vous avez répandu pour moi le plus pur de votre sang; il me faut encore une autre preuve de votre entier dévouement. Vos biens ont été vendus par suite des malheurs de la révolution. Revenir sur le passé, serait me faire des ennemis, troubler la tranquillité dont la France a tant besoin, et compromettre ma couronne. Faites-moi l'abandon de tous vos intérêts, c'est dans vos cœurs que vous en trouverez le dédommagement. Le Roi dit, et la Charte consacra la vente des biens dits nationaux. Eh bien! je le demande à tout homme de bonne foi : quelle voix s'est élevée contre cette mesure nécessaire? Quels murmures, quelles réclamations se sont fait entendre (1)? Les tribunaux étaient ouverts. Ont-ils donc retenti de plaintes portées par les nouveaux propriétaires, troublés par les anciens dans la jouissance de leurs biens? Le droit de pétition existe pour tous les Français. Deux législations ont passé. Les bureaux des pétitions ont-ils donc été assiégés par les acquéreurs de biens nationaux venant exposer leurs griefs? Et vous, cultivateurs, j'en

égard un dernier sacrifice. La Charte a dit que *l'ancienne noblesse reprenait ses titres et que la nouvelle conservait les siens.* Il n'en faut pas davantage : ce n'est plus en thèse générale et absolue que l'on doit maintenant en France parler de la noblesse : c'est dans l'état de choses où la Charte nous a placés, et je ne m'en écarterai point.

Lorsque dans une réunion où je suis, se trouve un de ces hommes dont le nom et le titre annoncent qu'il appartient à *une famille qui* (pour me servir des expressions textuelles de l'auteur) *a depuis mille ans versé des flots de sang pour la patrie,* je le vois *sans jalousie* couvert de la gloire de ce nom, et cette gloire est aussi à mes yeux une gloire nationale. S'il joint à cela du mérite personnel, loin que ce soit une peine, c'est une jouissance pour moi d'avoir à lui payer un tribut de reconnaissance et de vénération.

Que si, au contraire l'individu qui porte un nom respectable, me paraît avoir dégénéré, je gémis sur le sort de l'espèce humaine, qui ne transmet pas toujours les vertus avec le sang.

Voilà ma profession de foi

---

(1) Un seul ouvrage parut il y a deux ans sur cette question. L'auteur était un homme de loi. Son livre fut saisi, et lui poursuivi devant les tribunaux par le ministère public.

appelle à votre propre témoignage ; vous avez vu ces hommes dépouillés, objets de tant de haines, venir les uns après les autres se rattacher aux faibles débris échappés à un si grand naufrage. Rendez hommage à la vérité. Avez-vous été témoins de beaucoup de violences exercées par eux? Les avez-vous vus se nourrir de haine et de ressentiment? Non, sans doute. La France entière le répétera avec vous. Leur sacrifice fut entier, et j'ajouterai même qu'il n'a rien coûté; car le Roi et la France en avaient besoin.

Mais les anciens nobles ont conservé des prétentions, dit-on de toutes parts; il est vrai, j'ai vu beaucoup de vieillards rentrant dans leur patrie à la suite du Roi dont ils avaient épousé les malheurs. La plupart portaient un habit usé, peut-être même ridicule. On s'en est moqué. On les a nommés voltigeurs : plaisanterie très-bonne sans doute, mais qui ne fera pas une fortune durable.

Le Français est trop généreux pour insulter long-temps à la vieillesse et au malheur. A leur arrivée, leurs regards se portèrent naturellement vers les arbres qu'ils avaient plantés, vers le toit qui les avait vus naître, vers le champ qui renfermait les os de leurs pères. Le champ était aux

à l'égard des *nobles anciens* ; et, pour les nouveaux, comme les services qu'ils ont rendus sont récens, il n'est pas difficile de savoir ce qu'on doit à chacun d'eux : je m'acquitte envers tous avec plaisir.

J'ai donc le bonheur de n'être pas du nombre de ces hommes dont vous dites que *l'orgueil est troublé par les titres que le Roi a rendus à la noblesse.*

Aussi, quoique j'apprécie le mérite du sacrifice auquel, selon vous, les nobles seraient disposés, je voudrais, s'il pouvait être question de le faire, qu'auparavant on examinât quel degré d'utilité il pourrait avoir. Et là-dessus, pour me rendre compte plus facilement, je vais faire des nobles trois classes.

Dans la première, j'y place ceux qui ont cet éclat de nom qui n'a pas besoin de titres, et je dis, pour ceux-là, qu'ils aient des titres et des parchemins ou qu'ils n'en aient pas, ils seront également distingués.

En effet, il y eut en France un temps où tous les ressorts du gouvernement révolutionnaire étaient tendus pour anéantir la distinction des citoyens, c'est-à-dire, la noblesse : eh bien! je n'ai pas vu que, même à cette époque, on ait pu placer sur la même ligne un très-grand nom avec un nom obscur, sans que l'opinion pu-

mains d'un nouveau maître, les arbres étaient abattus, les ruines de la maison couvraient encore la terre. Tristement, ils revinrent vers le Roi, et alors, j'en conviens, se développèrent toutes leurs prétentions : ils demandèrent du pain et un asile, et quelques-uns n'ont pas été assez heureux pour l'obtenir.

Mais enfin que leur reste-t-il donc à ces anciens nobles, tant accusés ; que leur reste-t-il de la fortune, de l'existence, de l'avantage et des priviléges que possédaient leurs ancêtres? Le nom de leurs pères, le souvenir des services qu'ils ont rendus à la France ; et de plus, un titre qui leur a été rendu par le Roi, et qui, je le sais, trouble l'orgueil de bien du monde. Triste avantage, dont ils supplieraient eux-mêmes le Roi de les délivrer, s'ils croyaient en effet lui devoir la haine de leurs concitoyens ; mais ce titre, qui leur est tant envié, auquel ils tiennent si peu, et qui excite tant et de si ridicules jalousies, de quel droit leurs ennemis viennent-ils le leur reprocher? Ont-ils bien l'audace de provoquer une pareille discussion? Ces fiers indépendans, ces terribles ennemis de la noblesse, ces hommes que le nom et le titre d'une famille qui depuis mille ans a versé des flots de sang pour la France, trans-

blique ait établi entre eux la distance consacrée par le temps ; je crois même que, si on voulait rabaisser ces grands noms que la France possède, cette même opinion nationale s'y opposerait, et les releverait encore, s'il était possible.

Il est une seconde classe de nobles, dans laquelle je range ceux qui n'ont point un nom aussi éclatant, mais qui cependant ont leur noblesse fondée sur les bases véritables, c'est-à-dire, sur des actions remarquables, sur des services éminens. Or, ces actions, ces services qui les ont illustrés ou qui ont illustré leurs ancêtres, illustrent aussi la France ; pourquoi anéantir les titres qui les consacrent? Ils seront pour leurs descendans un véhicule puissant vers des actes semblables. Ils y verront peut-être quelque motif de se croire une supériorité sur leurs concitoyens ; mais ils y verront aussi des exemples à suivre, et une obligation particulière d'imiter ceux qu'ils représentent, s'ils ne veulent pas descendre rapidement dans l'opinion publique.

Il reste une troisième classe de nobles, classe très-nombreuse, composée de ceux qui ont acheté ou dont les pères ont acheté des charges qui conféraient la noblesse.

Pour ceux-là, qu'ils gardent leurs titres ou qu'ils ne les gardent pas, la chose est as-

porte de fureur, ne les avons-nous pas vus pendant les quinze dernières années prosternés, rampans devant les princes, les ducs et les comtes de la création du tyran? Ne les avons-nous pas vus à genoux pour obtenir un rang ou un cordon? Et quels titres faisaient-ils valoir pour y parvenir? les larmes du peuple et le sang de vos enfans. Et ce sont eux qui osent encore prononcer les noms sacrés de liberté et d'indépendance! eux, les esclaves des Robespierre, des Bonaparte, et de tous ces vils tyrans, qui tour à tour ont opprimé la France! Non, vous ne le croirez pas. Non, c'est en vain qu'ils cherchent à calomnier des hommes proscrits pendant vingt-cinq ans, et qui ne s'attendaient pas à être réduits à la nécessité de se défendre sous le gouvernement d'un Roi, à la cause duquel ils ont tout sacrifié, et qui les retrouvera, si ses prétendus amis d'un jour venaient à le plonger dans de nouveaux malheurs. Ces anciens nobles, croyez-en un homme né parmi vous, n'ont pas cessé un jour d'être Français; rejetés par vous, exilés, dépouillés, ils pleuraient sur vos misères; riches et puissans autrefois, ils ne s'en souviennent que pour regretter de ne plus pouvoir, à l'exemple de leurs pères, protéger le faible, nour-

sez indifférente. On les honorera autant comme ils le mériteront personnellement; et, à leurs propres yeux, ils seront ce qu'ils voudront être. Il n'en peut résulter aucun inconvénient pour les autres membres de la société, puisqu'ils n'ont plus ni les prérogatives, ni les priviléges qu'ils avaient achetés, et que, par conséquent, ils n'ont véritablement plus rien de ce qu'on leur avait vendu; car l'honneur ne se vend pas. Et pour l'acquérir, les hommes qui n'ont ainsi qu'une noblesse achetée avec de l'or, ont tout autant à faire que s'ils n'avaient point les titres qu'on leur a donnés. Leurs titres mêmes prouvent qu'ils n'ont point payé avec une bonne monnaie. Il leur faut des actes et des services importans, utiles à la patrie, et alors ils deviendront véritablement nobles; ce sera le vrai cachet de la noblesse qu'ils attacheront à leurs titres.

C'est aussi dans ce sens que je me rends compte de l'effet des lettres de noblesse que le Monarque, d'après la Charte, peut toujours concéder à qui il lui plaît de le faire. Je vois, dans cet acte de la puissance royale, le chef de l'état consacrant d'une manière solennelle les belles actions et les services importans qui ont pu mériter à un citoyen d'être distingué des

rir le pauvre , et revêtir l'orphelin. Soumis à la volonté du Roi , qui sans doute a pu disposer de leurs biens ainsi que de leur sang , ils ne demandent aux nouveaux propriétaires de ces biens que de ne plus se croire obligés de les regarder comme ennemis , et d'aimer le Roi comme eux-mêmes l'ont toujours aimé. Ils ne pensent pas au rétablissement des droits féodaux , parce que cette idée est une absurdité qui n'est pas même crue de ceux qui ne répandent de pareils bruits que pour nuire ou pour tromper. Ils veulent la Charte et les nouvelles institutions que nous devons aux bontés paternelles du Roi , parce qu'elles sont le fruit et le résultat nécessaires des vingt-sept années qui viennent de s'écouler. Mais ils veulent que ces institutions soient fondées sur la morale et la religion , sans lesquelles la société ne peut pas exister. Ils veulent le Roi et la légitimité, parce que sans elle il n'y a pas de monarchie, et que le gouvernement monarchique convient seul à la France. Enfin , ils veulent votre bonheur , mais ils ne veulent ni les hommes ni les principes révolutionnaires , parce qu'en les suivant, toute justice et toute vertu seraient bientôt bannies de dessus la terre, et qu'avec eux , nous n'aurions ni

autres , et le signalant à l'estime et à la reconnaissance de ses concitoyens.

Et, pour terminer cet article, je puis assurer que les nobles , dont la distinction et les titres seront fondés sur de pareilles bases, pourront exciter l'émulation des autres Français ; mais que, pour peu qu'ils joignent, à quelque mérite personnel , cette modestie à laquelle ceux qui portent de grands noms savent si bien allier la dignité convenable à leur rang , ils n'auront à craindre ni la haine ni la jalousie des autres classes de la société.

Enfin vous signez votre écrit, _Un Electeur du département de l'Oise._ J'ai fait une observation sur le premier mot ; j'en ferai deux sur le dernier.

1°. En vous qualifiant un Electeur du département de l'Oise, avez-vous cru qu'il devenait permis pour vous de publier contre les personnes dont vous avez entendu les noms dans les élections, les injures les plus atroces ? Je ne sais , monsieur l'Electeur , ni où vous étiez, ni d'où vous venez ; mais moi , depuis la formation des premières assemblées électorales en France, j'ai l'honneur d'en être membre. J'ai toujours cru qu'en ma qualité d'électeur , je pouvais , sans au-

Roi, ni légitimité, ni constitution, ni bonheur.

UN ÉLECTEUR DU DÉPARTEMENT DE L'OISE.

tre juge que ma conscience, émettre mon vote en faveur de celui que j'en jugeais le plus digne ; mais il ne m'est jamais venu en la pensée que j'eusse le droit de noircir et d'outrager ceux que d'autres électeurs, mes collègues, honoraient de leurs suffrages. Et, où en serions-nous en effet, si, d'une extrémité de la France à l'autre, chaque électeur sorti d'un collége électoral se mettait à outrager les candidats qui ont eu des suffrages, mais qui n'ont point eu le sien !

2°. Lorsque vous signez, *Un Electeur du département de l'Oise*, on peut demander lequel. Le électeurs sont en total au nombre de 268. Quel est celui des 268 qui a publié cet écrit ?

Vous indiquez à la vérité que vous êtes un des 80 dissidens du dernier collége électoral ; mais alors il s'en trouve encore 79 qui sont étrangers à la composition de l'écrit dont je me plains, et qui peut-être ne seraient pas curieux de passer pour en être les auteurs.

Nommez-vous donc ! La gloire ou le blâme sera pour vous et pour vous seul.

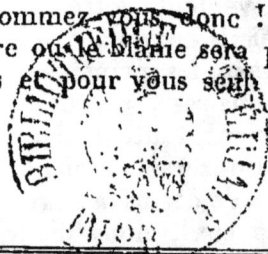

DE L'IMPRIMERIE DE FAIN, PLACE DE L'ODÉON.

www.ingramcontent.com/pod-product-compliance
Lightning Source LLC
Chambersburg PA
CBHW060802280326
41934CB00010B/2527